Raúl Aceves

LOTERÍA DEL MILAGRO

Poesía

Colección Cantar de las semillas

LIBROS INVISIBLES
Publicamos mundos posibles

Lotería del milagro | Raúl Aceves

D.R. 2014, por la obra: Raúl Aceves.
D.R. 2014, por la presente edición: Libros Invisibles.

Primera edición 1996 (Editorial El Hoyo).
Primera edición en Libros Invisibles: 2014.
A cargo de la obra: Jorge Díaz y el autor.
Cuidado del texto: Bea Ortiz Wario.
Proyecto gráfico: Jorge Díaz / Libros Invisibles.
Fotografía: © Alexa Díaz.
informes@librosinvisibles.com ~ 33 1482 2765
Guadalajara, Jalisco. México.

ISBN: 978-607-96443-4-5

Esta obra se terminó de imprimir en agosto de 2014.
Se hizo un tiraje de 500 ejemplares.
Impreso y hecho en México.

ROBERTO LÓPEZ RAMÍREZ

Guadalajara, Jalisco (1973). Pintor de reconocida trayectoria con más de 130 exposiciones colectivas e individuales. Como académico ha impartido clases en el Instituto Cultural Cabañas y en el Centro Cultural Casa Colomos. Algunos murales suyos pueden apreciarse en construcciones de Guadalajara. Su propuesta es neofigurativa con toques surrealistas y expresionistas; en su obra representa a personajes zoomorfos que simbolizan al ser humano en contextos distintos de los habituales.

Más sobre el autor:
http://www.artelista.com/autor/lopezramirezrc/list.html

Raúl Aceves

LOTERÍA DEL MILAGRO

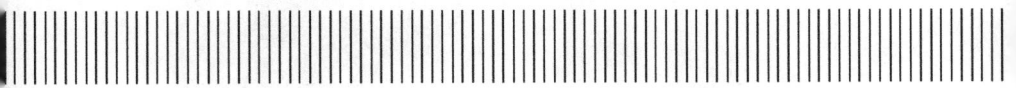

POESÍA

COLECCIÓN CANTAR DE LAS SEMILLAS

PRÓLOGO
A LA EDICIÓN DE 1996

Raúl Aceves, tejedor milagroso, tiene ya una voz que ha sabido sortear con imaginación el recorrido azaroso de la poesía en años fuertes de espejismos técnicos, donde la palabra, la escritura, la flor, no reciben el agua fresca del alimento. Con un pasado de viajero existencial, Raúl Aceves nos invita hoy a probar suerte con la vida misma, que encuentra en Lotería del Milagro la mejor forma de nombrarla desde su más íntima autoridad. Hay cuatro estaciones en este sorteo: "Homenajes" (donde las vías férreas son el material habitable, lo espiral el verdadero camino, el trote marítimo, la seguridad, las islas el pan necesario, el mínimo grafito la rúbrica, la piel la mejor condición, "una niña en su columpio", la vela prendida en "la alberca del mundo", el habla de las palabras, "la mañana luminosa de nubes abundantes que sacian como corderos su hambre de pasto azul", la preñez "perfectamente ovalada", y el homenaje especial al ser amoroso que nunca fue).

Viene un texto liminar en recuerdo del 22 de abril* -las casa muertas son "esa ciudad dentro de otra ciudad"-, que abre la segunda estación: "fragmentos de almas espantadas" del crimen urbano más consciente, el destino forzado de la inocencia, el "mártir civil" del poste telefónico, y todas las víctimas de la negligencia edilicia. "Tiempo de arenas", tercera estación, donde la naturaleza del poeta, mimetismo del mundo que defiende, nos reclama con sus manos que el árbol, "cuando importa más la propiedad privada del espacio... hay que tumbarlo". Pero sólo Dios es el mejor testigo. Y antes de decirnos la mejor baraja, se pregunta: "¿para qué bucear en la profundidad luminosa si el corazón es un pez vertical?", cuarta estación en la que Raúl Aceves propone, para que luego cotidiano de la vida, la palabra de la poesía. Un milagro si lo logra.

ARTURO SUÁREZ (†)

HOMENAJES

Homenaje al lugar donde pasa el tren

A Vicente Quirarte

Aquí pasa el tren
aquí en la escalera del riel
aquí aplana monedas calientes

El tren es el hotel más largo que conozco,
aquí me pongo a esperarlo
junto a la miscelánea verde,
aquí recojo su viaje

El tren es la casa más veloz que conozco,
aquí nunca más dejaré de soñarlo,
aquí me lo llevaré conmigo
para que siga pasando siempre.

Homenaje al gitano de la tierra

Al observar el hilo de seda
que va dejando embarrado sobre el cristal
comprendo que las rutas del caracol son misteriosas:
    sólo el caracol sabe a dónde va.

El caracol en su tienda de campaña
acampa donde sea, es un nómada perpetuo,
es un solitario empedernido
que ni siquiera procede del país de los caracoles;
es un hermafrodita promiscuo
tal vez el modelo del Andrógino
que ya no suspira por su mitad perdida.

Las constelaciones espirales
son los caracoles que dejan un hilo de luz
al deslizarse lentamente en la tierra negra de la noche.
Si escuchamos al caracol
oímos el sonido más antiguo del mundo,
el corno de la primera orquesta
que se escuchó en la profundidad del aire.

Si tuviéramos paciencia suficiente

un día llegaría el caracol hasta nosotros

y nos revelaría su secreto,

pero siempre estamos huyéndole

pues sabemos que su secreto nos desbarataría

igual que la sal a su cuerpo de gelatina fría.

Homenaje a un jardín de hipocampos

En el acuario, mundo de paredes transparentes,
todos los habitantes nadaban silenciosos;
el único tumulto procedía de las burbujas de oxígeno.

Los pececillos multicolores en un recreo
        de entusiasmo escolar,
no se despintaban al jugar a la trais o a las escondidas.
(Al fin, niños del agua).

Entre corales y vegetaciones los hipocampos color de tierra
jugaban a ser colas enrolladas en espirales asombrosas
y cabecitas equinas de una mitología milagrosamente aquí.

A la hora de la danza se convertían en pequeñura grácil
que imantaba la mirada entregada al jardín,
desde su ser de agua nos relinchaban los caballitos
        de juguetería.

HOMENAJE A LAS ISLAS GALLETAS

Las islas Galletas no existen en el mapa.
¿Cómo podrían existir
si son más reales que la geografía?

Me gustaría viajar a las islas Galletas
                    para comérmelas con cajeta,
o mejor para ver si de veras
                    hay tres Marías y un solo mar verdadero.

Al mar iría si ahí estuviera María
                    y una caja de islas yo compraría
si me aseguran que contiene
                    Marías de todas las islas.

Sí, cómo no, yo iría a las islas Galletas
aunque tuviera que viajar en acuarela o litografía.

HOMENAJE A UN LÁPIZ CON PICO
DE COLIBRÍ

Este lápiz vuela cuando escribe
y llega a lo más profundo del papel

Este lápiz flaco y anaranjado
saca al máximo su lengua de grafito

Con la goma roja de su cabeza
se va borrando lo que quiere olvidar

Cada vez que hace el amor con el sacapuntas
se le afila su esperanza de vida

Este lápiz cuando queda mudo
se acuerda de la mano que lo llevaba de paseo

Para el lápiz la muerte
consiste en hacerse tan chiquito,
en tener ya tan poquitas cosas que decir.

HOMENAJE A LOS TRANSPARENTES

Sólo desnudos nos podemos amar
en lo totalmente desnudo

En el amor sólo cabe
lo amado, su presencia total

Sólo desnudos somos
tan sólo lo que somos

Sólo desnudos sabemos cuán solos estamos,
cuán solamente somos lo que logramos amar

Sólo desnudos
comenzamos a ser transparentes.

Homenaje a una niña en su columpio

La niña blanca balancea su cuerpo feliz
borrándolo y pintándolo en la ráfaga del tiempo

Su ave se acuesta en la espalda del paisaje
a esperar que se abra la puerta violeta
por donde ha de cruzar en su caballo alado

Alguien desde lo alto conocerá su nombre
y la llamará con las voces del relámpago.
Aquí la tierra la verá irse en silencio
como las flechas de los venados azules.

Homenaje a la Nostalgia *

Cuida tu llama, que no se apague
al cruzar a nado la alberca seca del mundo

Cuida tu última pluma blanca
en los caprichosos rumbos de los aires

El único lugar donde la lluvia
soportaría una vela encendida

Yo te observo durante toda la travesía
yo, tu llama, tu temblor de vida.

* Película de Andrei Tarkovsky

Homenaje a las palabras

Cuando las palabras finalmente hablen
más allá de lo que dicen

cuando sean actos de amor
y no meras palabras

dejará de importar el cuerpo de las palabras
su hermoso erotismo de signos y sonidos

y tan sólo importará
el Ser que escucha totalmente abierto.

Homenaje a una mujer que recoge bayas rojas

Una mujer de falda larga y trenzas rubias
recoge bayas rojas en una cesta mientras observa
con ojos azules la llegada de un barco

Una mujer que nace como trébol de la colina
recoge la mañana luminosa de nubes abundantes
que sacian como corderos su hambre de pasto azul

Una mujer con sombrero y listones sacudidos por el viento
recoge la llegada de los pájaros de los días
en la ancha bahía del faro donde se toca la lejanía del mar.

Homenaje a una mujer a punto de dar a luz

A Dulce María Zúñiga

Pareces una fotografía del futuro:
eso que siempre está a punto de nacer,
eso de lo que todos estamos preñados

Cargas el peso de una acción amorosa
que se infló de gozo hasta hacerse perfectamente
ovalada como cualquier mundo

Y alguien flota en el interior de tu alberca hermética,
alguien que no puede ser cualquiera
sino el pez humano que depende del corazón
que lo enchufa con el Universo

Pareces una mujer vestida de planeta
llena y autocontenida, que no espera sino reventar
hacia todas las direcciones de la vida,
como la luna al reventar en la ceguera de la noche
o la luz en el parto del alba
o la nube en la sed de la tierra.

HOMENAJE AL QUE MURIÓ ANTES DE NACER

A Charlinne y Andy

Tuviste a tu hijo, pero tu hijo
no tuvo tiempo de tenerte a ti
o quizá le bastó un instante;
el aire del mundo no lo pudo soportar
tan puro venía y de otra atmósfera
su espíritu era de cometa
que sólo nos tocó con su cauda
y dejó un rastro de polvo sideral.

Y tú, pequeño viajero en el amor
argonauta en el océano maternal,
cuando al fin llegues a tu playa blanca
recordarás todos tus nacimientos
y las veces que renunciaste
a tener un nombre, una edad,
a cambio de seguir girando
en el carrusel de la eternidad.

In memoriam
22 de abril

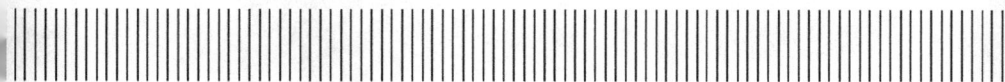

Las casas también mueren

Las casas también mueren
y se convierten en huesos de metal,
sólo que a veces se nos olvida
y las suponemos inmortales.

Las calles también se callan
y cambian de nombre y de habitantes,
aunque antes hayan sido ruidosas y vitales
y en los mapas su existencia fuera indudable.

Cada vez que a la ciudad de los vivos
se le muere una casa o una calle entera,
el cementerio le va también creciendo
—esa ciudad dentro de la otra ciudad—.

Rituales para no morir

Arrojar una flor a las aguas negras
Caminar abiertos los ocho kilómetros de río
Tocar un caracol en el corazón del barrio
Recoger los fragmentos de almas espantadas
Desenterrar las sagradas imágenes chamuscadas
Escuchar en el viento el canto de los inocentes
Abrir todas las puertas aunque no tengan casa
Sembrar árboles donde languidecían postes
Saber que la piel de la calle es la piel del mundo
Oler las flores que crecieron en los cráneos.

ALMAS DESNUDAS

Almas que se fueron desnudas
Y dejaron abandonados sus guantes de piel
Sobre las manos frías del mundo

Abismos por donde corrieron los ríos
más profundos de la memoria
entre selvas de cemento y alambre

Pasajeros que no llegaron al destino
para el que tenían boleto
pero a otro viaje llegaron

Frutos que colgaron del árbol de la vida
y fueron cortados por un relámpago del tiempo
para sembrarlos en otra tierra

Historias que abordaron subterráneas
el estallido que jaló la cremallera
de la soledad repentina.

EL CRUCIFICADO DEL POSTE TELEFÓNICO

La muerte te sorprendió en las alturas
cuando escuchabas como los pájaros
la conversación del ancho mundo

Hasta ahí te alcanzaron a rozar
las plumas del trueno que escapó
en un alarido de la prisión del drenaje

Y ahí quedaste colgado sin clavos,
mártir civil, para que te recen
todas las heridas de la tierra.

La bicicleta voló al cielo

La bicicleta voló al cielo
del otro barrio prometido
le salieron alas para rodar en las nubes
le nació una ligereza del alma

La azotea vio pasar la bicicleta
con más vuelo que una golondrina
llevaba agarradas del manubrio
las manos de un hombre sorprendido.

LOS RECIÉN NACIDOS

Hubo quienes recién nacieron de la muerte
en parto repentino
De golpe se convirtieron en niños
de otro jardín

Hubo quienes con un solo estallido de madurez
dejaron atrás su viejo instrumento
como quien se quita un par de guantes
y los deja deshabitados sobre la mesa

Hubo quienes olvidaron lo que estaban siendo
y se pusieron de nuevo a jugar.

Todo cambió de lugar

Todo cambió de lugar
las casas se fueron de ahí
como si un viaje urgente
las hubiera estado esperando.

Los cuadros colgados de la pared
y la pared colgada del abismo.

El río de agua muerta
movía la sangre de la ciudad
Los trascabos removían los restos
del rompecabezas imposible de armar.

La intimidad quedó expuesta a cielo abierto
las ventanas quedaron inútiles en las paredes
como rectángulos abstractos que alguien dibujó.

Los vehículos volaron como pájaros
los pájaros cayeron duros como piedras
El tiempo cambió de habitación:
se hizo memoria.

Tiempo de arenas

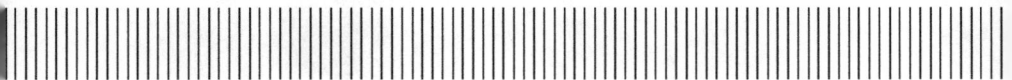

TIEMPO DE ARENAS

El mar con sus ojos de abuela
sentada en un tiempo de arenas
cultiva sus criaturas blandas.

El sol con sus manos amarillas
desata las piernas del viento
para que corra por la ciudad azul.

La espalda negra de la noche
las ideas rojas del árbol
los ojos verdes de la tierra,

La luna en su templo de cristal
y el hombre en su orfandad sagrada
esperan el retorno de las islas.

LAS COSAS

Para que no se me olviden las cosas
las voy reduciendo a lo esencial

les ayudo a encontrar su lugar
y su manera de estar contentas:
a las cosas aladas les consigo su ventana
a las cosas terrestres su palco de primera fila

a las cosas preciosas su cajita de cristal
a las cosas rotas su página de historia.

Para que no se me olviden las cosas
les voy escuchando su biografía

les ayudo a llegar a su destino
de ser útiles, de ser bellas, de ser únicas.

ALBERCA

Hay un barco encallado en esta alberca amarilla;
por sus ventanas se puede ver el naufragio
y cada muerto platicando su historia.

El oleaje violeta de las flores de jacaranda
azota un costado del barco, y una hilera de hormigas
rescata los panes sobrevivientes.

El capitán sigue dando sus órdenes
desde la cabina de mando,
pero ya nadie le obedece.

Los marineros están demasiado ocupados
en su propio extravío
y no escuchan sino el silencio de la tormenta.

(Atención cazafortunas: ofrezco una recompensa
al que rescate mi alma, ahogada o seca;
desde que se echó del trampolín no la he vuelto a ver.)

HAY QUE TUMBARLO...

Cuando el árbol estorba, hay que tumbarlo:

cuando tapa las cañerías con sus hojas secas

cuando invade el estacionamiento de las bestias mecánicas

...hay que tumbarlo

cuando mete sus manos y escudriña los drenajes

cuando levanta la piel del suelo con sus raíces

cuando creció más de prisa que el amor de sus guardianes

...hay que tumbarlo

cuando nos tapan sus ramas el color del humo

cuando nos asusta la soberanía de su altura

cuando se nos olvida la alegría de sus frutos

...hay que tumbarlo

cuando el columpio se nos cae del recuerdo

cuando la casa entre sus ramas resulta peligrosa

cuando importa más la propiedad privada del espacio

...hay que tumbarlo

ARBOLEDA

En medio de esta selva de pájaros
de esta arboleda de sonidos
de repente se hace el silencio.

Es como si Dios hubiera hablado
y la Creación entera se detuviera
para escucharlo.

Dios tan sólo dijo:
cuando están más silenciosos
es cuando mejor los escucho.

LAS MANOS DE DIOS

Las manos de Dios
modelan la escultura del tiempo
y el laberinto indescifrable
de los destinos.

Las manos de los ángeles
son los infinitos dedos de Dios:
con ellas siembra los seres
y cosecha las almas de los mundos.

Con las manos de los ángeles
escribe Dios los pensamientos
que en el papel virgen de las madres
se dan a luz.

Dios tiene infinitas manos,
tantas, que no le ajustarían
los dedos de todas sus manos
para poder contarlas.

El Dios cero

Crezco en el Dios cero,
ese que simboliza la ausencia
pero intensifica las cantidades.

Existo en el Dios vacío
que es tan sólido
como el espacio entre los seres.

Respiro en el Dios escurridizo
que inevitablemente se me escapa:
no le gusta vivir en ninguna pecera
por más transparente que sea.

Me recreo en el Dios que inventa
su propia pecera cósmica:
el lugar donde nadan los sueños
maravillosos de los soñadores.

Visión en una gota de agua

Lo que se ve a través de la ventana
es el cuerpo del día con sus cabellos frescos

una vez la mujer estuvo ahí tejiendo las gotas
fabricando una red de lluvia que atrapó los pájaros

las manos del agua recogen todo el paisaje posible
para depositarlo en el ojo de la gota

la ventana contiene todas las visiones interiores
pero el sendero lleva más allá de donde hay retorno

la gota no es el punto final de la Creación
sino su punto de partida, su epifanía…

la gota tiene la paciencia iluminada del tiempo
y cuando cae, nacen las criaturas imaginadas

EL ESCRIBA DE LOS ÁNGELES

Desde su ermita excavada en la roca el monje contempla
el vuelo de las águilas que anidan en las áridas montañas,
lo mismo que él.

Observa también el contorno irregular de los lagos,
los puntos oscuros de las cuevas cercanas,
los escasos manchones de vegetación y el océano del cielo
desplomando su masa de luz contra la piel terrestre.
Se siente como un elemento más del paisaje,
menos que una hormiga perdida en la inmensidad.

Durante la noche abandona su frágil envoltura humana
y en el Libro de las Edades recuerda las mil existencias
que le quedan por delante, y las mil que ya vivió.
Durante el día escribe en sus pergaminos de piel de cabra
las palabras semíticas que le dictan los ángeles
que anidaron en su cueva y lo acompañan en el exilio.

EN LA CIUDAD DE SUS OJOS

Mientras caminaba por las calles de Berna
buscando objetos preciosos para alimentar la imaginación
se me acercó una mujer bella, joven y dulce
que hablaba del retorno del Reino perdido
y repetía las palabras de aquel joven y dulce profeta
que predicó por los caminos de Galilea.

Escuchaba su mirada profunda
y veía sus palabras antes que las pronunciara
y las paladeaba con sus propios labios,
hasta que llegó un momento en que yo
ya no estaba ahí, sino en el jardín de la miel iluminada
que era la ciudad de sus ojos.

Y al terminar y despedirse sentí que una vez más
había recuperado y perdido simultáneamente,
el Reino Prometido.

Visión del Ahogado

Soñar cuesta todo. El ahogado lo sabe y sin embargo, sueña. Prefiere la fluidez del mundo acuático a la estabilidad del mundo terrestre, y no hay manera de sacarlo de ahí, de su alberca oceánica, de su sueño sin fondo, hundido en su ser de agua milenaria: feto flotante en la noche sin paredes.

Vivir en un país líquido no tiene fronteras. Los pensamientos andan a la deriva como náufragos y los sentimientos no se atreven a salir de su concha a la noche azul de la intemperie. Él prefiere nadar sumergido como submarino inconsolable.

¿Para qué emerger si la superficie ya es bastante inalcanzable? ¿para qué herir la piel del agua, si su cuerpo vive estremecido? ¿para qué bucear en la profundidad luminosa, si el corazón es un pez vertical?

Lotería
del milagro

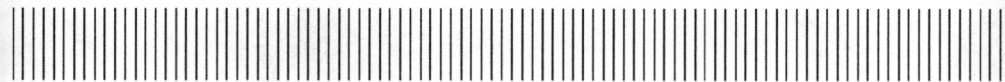

La rana declama poemas incomprensibles
y verdes
que sólo los juncos acompañan en sus flautas

◆◆◆

La orquídea exquisita ejecuta su danza visible,
su poema de pétalos frágiles

◆◆◆

El caballo líquido del río cabrestea impredecible
con herraduras de espuma en los metales
de las rocas

El girasol amanece con su mirada
de semillas espantadas de luz

◆◆◆

El cántaro canta su sueño de tierra dormida,
canta la forma del agua que despierta

◆◆◆

El delfín nada siempre junto a otro delfín
porque sólo así se defiende de la inmensidad

◆◆◆

El laberinto olvidó la forma de llegar a su centro;
alguien, desde la altura, se lo revela

La fotografía sorprende momentos
de la vida sorprendente

♦ ♦ ♦

Los poemas nos estallan
en el intento de querer desarmarlos

♦ ♦ ♦

El hipocampo: una pregunta que nada
y que nadie responde

♦ ♦ ♦

La oscuridad es la casa vacía del cerillo
el animal que despierta al golpe de la luz

Se entristece el gran cardumen de la nube
y va desvaneciendo sus mariposas blancas

◆ ◆ ◆

La poesía toca con manos de otro mundo
las cosas de este mundo

◆ ◆ ◆

La luna también es una gota nacida del cielo
lo más parecido a la sed delirante de la tierra

◆ ◆ ◆

Casas sembradas como árboles
sólo pueden crecer hacia el futuro

La escalera colecciona pasos hacia la altura
ventanas rectangulares sobre la torre del vacío

◆ ◆ ◆

El cigarro es la pequeña chimenea encendida
en la casa de la voz

◆ ◆ ◆

Mi casa tiene tan sólo dos habitaciones:
en una vive la noche, en otra vive el día

◆ ◆ ◆

La delgada piel de la casa que nos separa
del resto del mundo: otro cuerpo

Los días: pájaros que regresan al nido
después de su viaje por la eternidad

◆ ◆ ◆

La lluvia dibuja pájaros diagonales
en su cuaderno de rayas paralelas

◆ ◆ ◆

Las lunas se llevan en su barca
toda la tristeza del mundo

◆ ◆ ◆

Las manos ciegas con su paciencia vegetal
aprenden a leer el Braille del misterio

Las manos se ramifican arboladamente
  en su intento
de tocarle todo a la hermosa criatura del mundo

◆ ◆ ◆

No pueden atrapar las manos los ríos del aire
el perfume de los pájaros en éxodo

◆ ◆ ◆

Tocan las manos el territorio indeciso del mar
la topografía nerviosa de su piel azul

◆ ◆ ◆

Las manos sacuden el polvo de las civilizaciones
y despiertan de su sueño a los pergaminos secos

En el charco de agua del ojo
chapotean los niños de la luz

◆ ◆ ◆

Los párpados: dos alas
del pájaro de la mirada

◆ ◆ ◆

En el río que sale de la llave
navegan infinitas infancias de papel

◆ ◆ ◆

El dueño de las semillas aladas
las saca de paseo por el bosque lunar: luciérnagas

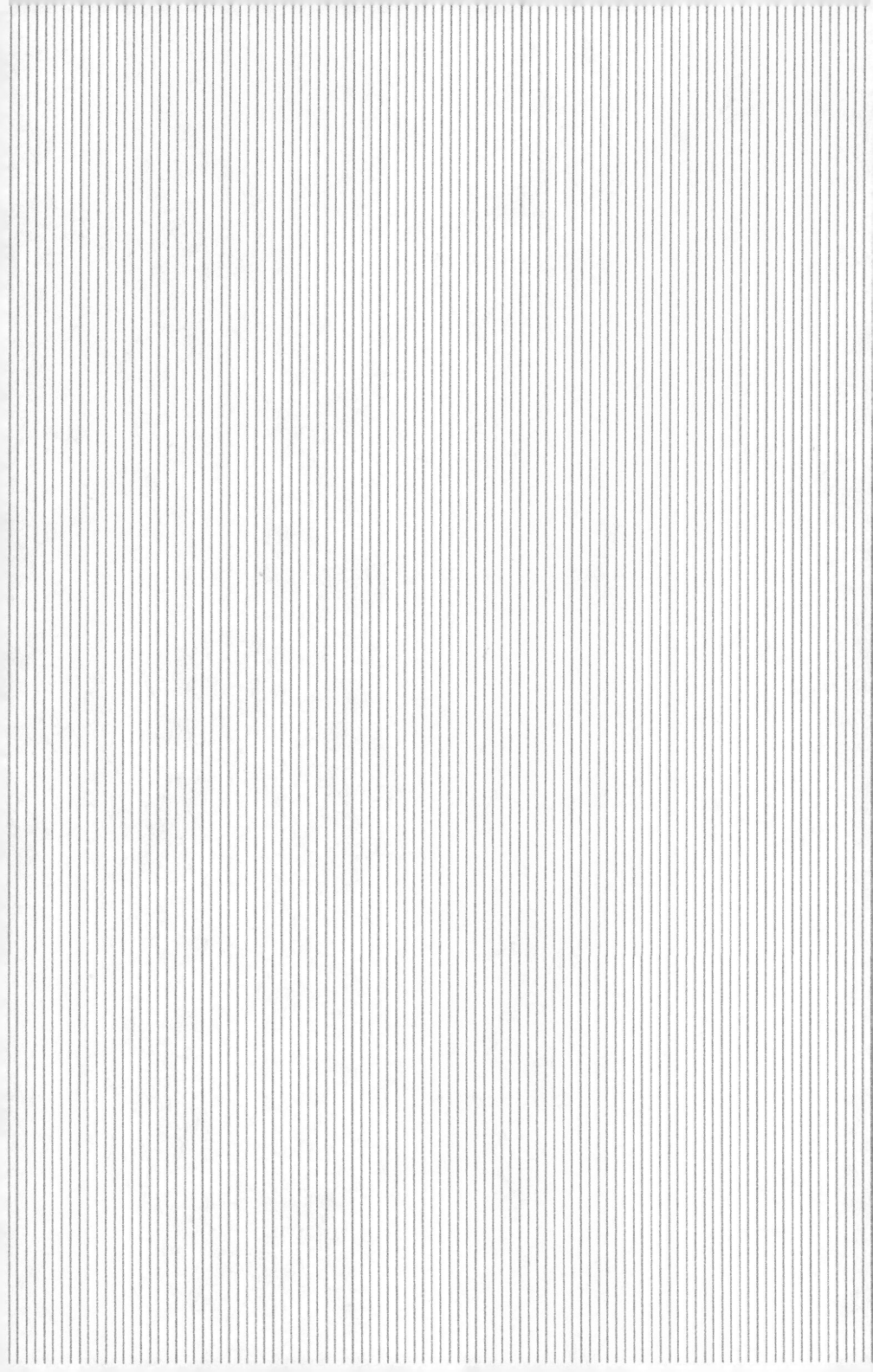

Índice

Otros títulos en Libros Invisibles

Junturas
Raúl Bañuelos

Calles, espejos y cantos
Víctor Villalobos

Amar adentro
Yahir Durán

Cuaderno de mudanzas
Ricardo Solís

La almendra de la noche
Pedro Goche

Territorialidades
Gallegos, Goche, Naishtat

Póngale Usted el título que quiera
Pato

Polvario
Rodolfo Dagnino

Salto mortal
Roberto García

LOTERÍA DEL MILAGRO de RAÚL ACEVES

SE TERMINÓ DE IMPRIMIR EN AGOSTO DE 2014
EN GUADALAJARA, JALISCO, MÉXICO.
SE TIRARON 500 EJEMPLARES.
PARA SU DISEÑO SE USARON FUENTES BULMER 9-20 PUNTOS
Y GOTHAM A 23 PUNTOS.

CUIDARON DE LA EDICIÓN: JORGE DÍAZ Y RAÚL ACEVES.
EL DISEÑO Y LA IMPRESIÓN FUE POR CUENTA
DE LIBROS INVISIBLES, SERVICIOS EDITORIALES.
EDITOR: JORGE DÍAZ.